VOYAGES

DANS LE

DÉPARTEMENT ACTUEL

DES

COTES-DU-NORD

1775 — 1785

PAR J. TRÉVÉDY

Ancien Président du Tribunal de Quimper, Vice-Président de la Société Archéologique du Finistère

Extrait de l'INDÉPENDANCE BRETONNE, Saint-Brieuc

SAINT-BRIEUC
RENÉ PRUD'HOMME
1, place Préfecture

RENNES
CAILLIÈRE
2, place du Palais

1890

VOYAGES

DANS LE

DÉPARTEMENT ACTUEL

DES

COTES-DU-NORD

1775 — 1785

PAR J. TRÉVÉDY

Ancien Président du Tribunal de Quimper, Vice-Président de la Société Archéologique du Finistère

Extrait de l'INDÉPENDANCE BRETONNE, Saint-Brieuc

SAINT-BRIEUC
RENÉ PRUD'HOMME
1, place Préfecture

RENNES
CAILLIÈRE
2, place du Palais

1890

VOYAGES

DANS LE DÉPARTEMENT ACTUEL

DES CÔTES-DU-NORD

1775. 1785

PREMIER VOYAGE 1775

Voyage de Brest à Paris

Avez-vous jamais fait dix lieues en wagon sans entendre quelque compagnon de route se lamenter sur la lenteur du voyage ?

« — Comme nous marchons ! Partir de Brest à 2 heures 43 du soir pour être à Paris à 4 heures 45 du matin ! Quatorze heures et deux minutes pour faire à peine cent cinquante lieues ! C'est une pitié !

« — Mais, au dernier siècle, on mettait quinze jours....

« — Et l'on ne se plaignait pas... allez-vous dire.

« — Si, on se plaignait, mais du moins ce n'était pas sans raison. »

J'ai eu sous les yeux un curieux atlas, daté de 1765, contenant des cartes routières gravées avec un soin extrême, et, en regard, des *itinéraires* marquant les relais, *dînées* et *couchées*. Mais j'y ai vainement cherché l'itinéraire de Rennes à Brest : Sans doute n'y avait-il pas encore de service *public* sur cette ligne (1).

Au XVIIIe siècle, pour aller de Paris à Brest, on prenait le plus souvent la route de Nantes et de Quimper. Dès 1636, il y avait un messager de Quimper à Nantes, partant chaque semaine (2). Cent ans après, en 1735, ce messager avait une voiture sur Nantes et une sur Brest (3). Or les routes tracées par les ingénieurs du duc d'Aiguillon sur la côte nord de la Bretagne n'étaient pas de

(1) L'Indicateur fidèle du Guide des voyageurs, qui enseigne toutes les routes royales et particulières de la France..., accompagné d'un itinéraire instructif et raisonné sur chaque route, qui donne le jour et l'heure du départ, de la dînée et de la couchée, tant des coches par eau que des carosses, diligences, messageries du royaume, avec le nombre des lieues que ces différentes voitures font chaque jour.

Dressé par le sieur Michel, géographe du roi à l'Observatoire, mis au jour et dirigé par le sieur Desnos, ingénieur géographe pour les globes, sphères et instruments de mathématique. Paris, rue Saint-Jacques, à *l'enseigne* du *Globe* M.D.CC.LXV (1765).

(2) Ce messager se nommait Jean de la Ville, et sa femme Jeanne Autrou. Ces braves gens sont les premiers qui, protestant avec l'Eglise contre le mépris dont le vulgaire accablait les *caqueux*, ont osé tenir des fils de *caqueux* sur les fonts de leur chapelle de la Madeleine. (Reg. de la par. du Saint-Esprit. 1637 et 1639).

(3) Reg. de la Communauté de Quimper. 94. f° 137 v°.

nature à faire abandonner l'itinéraire anciennement suivi.

Comme les usages changent d'un siècle à un autre !

Au XVIIe siècle, il n'y a pas de *voiture publique*. Sans doute il y a par tout le royaume des *messagers du roi* ; mais, s'ils transportent à pied ou en charrettes les lettres et les *hardes*, ils ne mettent à la disposition des personnes que des chevaux (1). Dans ces conditions on voyage le moins que l'on peut. Au commencement de notre siècle, les voitures publiques roulent sur les routes la nuit comme le jour, et passent hâtivement devant les auberges où peu auparavant s'arrêtaient les voyageurs « par l'odeur alléchés ».

Le XVIIIe siècle a été l'âge d'or des aubergistes. Il y a déjà de nombreuses voitures publiques : on ne voyage guère la nuit ; et il semble que l'on prenne plaisir à multiplier les couchées. Que l'on ait seulement douze lieues à faire en hiver, on couchera en route.

Exemple : Ogée compte de Dinan à Rennes onze lieues (de 2,400 toises ou 4,800 mètres), environ treize lieues kilométriques. A moitié route, à peu près, se trouve le bourg de la Chapelle-Chaussée. Un jour, je passais là dans le coupé de la diligence avec un aimable vieillard, gentilhomme des environs de Dinan. Il me montra l'auberge de la Chapelle, et

(1) TRÉVOUX. V° *Messager*.

me dit : « Pauvre maison, aujourd'hui bien déchue ! En 1786, elle était autre ! J'avais dix-huit ans, et nous habitions Dinan. Mon père me dit un jour : « Demain, nous partons pour les Etats à Rennes. » Grande joie pour moi ! Le lendemain, au son de l'*Angelus* de midi, nous nous mettons à table. A une heure et demie, par un riant soleil d'octobre, nous sommes en selle. A six heures, nous arrivons ici. Un grand feu flambe dans l'immense cheminée devant une broche lourdement chargée, car il y a bonne compagnie. Le lendemain, nous déjeûnons, nous partons au jour ; et comme nous arrivions à notre auberge à Rennes l'*Angelus* de midi sonnait. Nous avions fait six lieues le premier jour, cinq le second. Avec nos bons chevaux, en jouant un peu de l'éperon, nous pouvions fournir cette course en une journée ; mais déjeûner, dîner, souper à son heure avaient alors bien plus d'importance qu'aujourd'hui. »

Du reste cette répugnance à déranger ses heures n'était pas le seul obstacle aux voyages de nuit. La prudence conseillait de les éviter.

La nuit, nombre de passages n'étaient pas sûrs. Pour n'en citer qu'un exemple, qui aurait osé, jusqu'à la fin du dernier siècle, affronter de nuit la traversée du bois de Malaunay, entre Guingamp et Châtelaudren ?

Et puis, quelles routes pour que l'on s'y risque dans l'obscurité ! Le *macadam* est une invention de la fin du dernier siècle. Auparavant, l'empierrement était fait de gros cailloux et de lourds pavés ; enfin, dans notre montueux pays, quelles *côtes* à escalader ? Celle de Saint-Barthélemy, même macadamisée, ne fut-elle pas, jusqu'aux derniers temps, l'effroi des conducteurs de diligences ? Qu'était-ce quand elle était couverte d'un grossier cailloutis ?... Et il y en avait d'autres ! La route de Brest est à cheval sur tous nos cours d'eau, et plusieurs vallées sont étroites et profondes. Or, les ingénieurs du duc d'Aiguillon étaient possédés d'une passion fatale en notre pays : la passion de la ligne droite ; et il leur est arrivé souvent d'abandonner une grande voie ancienne, romaine ou autre, pour tracer à côté une route bien plus défectueuse (1).

Pour franchir de pareilles rampes, il aurait fallu des voitures légères ; mais l'*assiette* de la route exigeait des véhicules lourds et très solidement construits.

Aussi voyez la voiture élégante : le

(1) Exemple : Suivez la route de Morlaix à Louargat : elle n'est pas, il s'en faut ! en *plaine*. La carte figure une ligne droite qui n'est brisée que quatre fois, au Ponthou, à Plounérin, à Plounévez-Moëdec, à Belle-Isle-en-Terre. Or, cette route de Keramanach à Louargat est longée par une vieille grande route (hent coz bras). Pour tracer ces lignes droites, l'ingénieur du dernier siècle a créé des rampes de plus de 10 c. par mètre (10,3 à Pont-Hélo) ; — 10,8 au *(Menez Croas-Jan)*, quand la vieille voie qu'il abandonnait, avait des rampes moindres et qu'on pouvait corriger encore. — Ce qui est singulier, c'est le respect qui semble protéger ces créations du duc d'Aiguillon : les rampes que je viens de nommer n'ont pas été rectifiées.

carrosse ! Qu'il soit la voiture d'un particulier ou celle du public, c'est un vrai monument. Un auteur du dernier siècle le définit (1) : « Un vaisseau, propre à tenir plusieurs personnes, suspendu avec de grosses courroies sur quatre moutons posés sur un train à quatre roues..... L'attelage s'entend de six chevaux ; » et il y a « en plus un cheval, dit *volontaire,* pour servir à la place de quelqu'un des autres, à qui il arriverait accident. » Nos pères songeaient à tout !

Or, cette lourde voiture et ces six chevaux, plus le *volontaire,* conduits par deux hommes au moins, ne sont destinés à porter que six personnes ; pour que huit voyageurs trouvent place dans le carrosse, il leur faudra *se fouler un peu,* selon l'aimable expression dont les conducteurs de diligences ont abusé jusqu'à leur dernier voyage.

— Mais me dira-t-on, vous oubliez les *diligences !* N'avez-vous pas lu qu'on donnait ce nom « à certaines commodités de carrosses bien attelés qui allaient de Paris à des villes de grand trafic en moins de temps que les autres ? »

— Vous avez raison. La diligence allait même en cinq jours de Paris à Lyon, 117 lieues de quatre kilomètres : elle faisait ainsi en moyenne vingt-trois lieues en vingt-quatre heures. Mais y avait-il d'autres diligences ?... En tout

(1) TRÉVOUX. Voyez *Carrosse.* — C'est au même ouvrage que j'emprunte les détails qui suivent sur les *Diligences, Coches* et *Fourgons.*

cas Rennes n'avait pas la sienne : c'est pourquoi je me dispensais d'en parler.

Le carrosse, dans l'usage général, était la voiture légère. Mais le *coche*, que les contemporains définissent « un grand carrosse » est encore plus massif, plus lourd et partant moins rapide... Je veux dire plus lent. La Fontaine l'a peint d'après nature, et grâce à lui nous le voyons :

Dans un chemin montant, sablonneux, malaisé,
Et de tous les côtés au soleil exposé,
Six forts chevaux tiraient un coche...
L'attelage suait, soufflait, était rendu...

Or le carrosse est la voiture de première classe. Le coche est celle de seconde ; il y a une voiture de troisième classe, c'est le *fourgon*.

Voici ce qu'est le fourgon : « C'est une espèce de charrette dont on se sert pour porter des bagages. » Oui, voilà sa destination première ; mais les personnes ont usurpé la place des bagages, et montent dans le fourgon, même pour faire de longues routes.

« Il est d'ordinaire à quatre roues, et chargé d'un coffre couvert de planches en dos d'âne. » D'après cette description, il ressemble extérieurement à ces immenses boîtes roulantes dans lesquelles vivent les saltimbanques de nos jours.

« C'est, dit un homme qui le connaissait trop bien, un cachot ambulant comme ces paniers dans lesquels le Sophi enferme ses femmes quand il les transporte d'un sérail dans un autre. »

L'écrivain auquel j'emprunte ces lignes a traversé par trois fois le département actuel des Côtes-du-Nord ; une fois en 1775, et deux fois en 1785. Il a consigné ses *impressions de voyage* dans une série de lettres adressées presque jour par jour à sa femme, et imprimées plus tard, sous ce titre : « 1775, *Voyage de Brest à Paris.* — *1785, Voyage de Cherbourg à Quimper, en Armorique.* »

Dans le premier voyage, l'auteur parcourt la route de Brest à Rennes. Dans le second, il aborde notre département par Dinan, il passe à Lamballe et Moncontour pour se rendre par Pontivy et Lorient à Quimper ; puis il revient par Morlaix et Lannion pour suivre la *route de la Côte* jusqu'à Saint-Brieuc, où il reprend la route de Lamballe et de Dinan.

Le nom de l'auteur ? — direz-vous. — Je ne sais pourquoi il ne se nomme pas ; il ne signe que F. M. ; mais dans une note, il s'oublie à nous dire qu'il est l'auteur d'un ouvrage intitulé *Jeanne Royez ou la Bonne Mère.*

Barbier dans son *Dictionnaire des Pseudonymes et Anonymes* donne sur *Jeanne Royez* cette indication :

F. M. *Jeanne Royez ou la Bonne Mère,* par M. Milrand, Paris, Le Normand, 1814, 4 vol. in-8°.

Milrand ne figure pas au *Manuel du Libraire* de Brunet (1862).

Mais Quérard lui a donné place dans sa *France Littéraire.* Seulement il redresse l'indication donnée par Barbier.

Du mot *Milrand*, il renvoie au mot *Marlin*, et il dit : « Marlin, né à Dijon en 1742, mort dans la même ville le 15 décembre 1827. » Et il ajoute comme renseignements bibliographiques : « *Histoire* (petite) *de France*, ou revue du grand historien, ouvrage à l'ordre du jour, suivi d'un recueil de lettres anecdotiques en partie relatives à la Révolution, par l'auteur de *Salluste aux Français*. Paris, Garnery, An II (1794). 2 vol. in-8°.

Jeanne Royez ou la bonne mère. A la Nature, pendant que les hommes n'auront pas d'autre guide. Paris, Le Normand, 1814, 4 vol. in 8°.

Salluste aux Français.

Voyages en France de 1775 à 1807.

J'ai vainement essayé de trouver les trois premiers ouvrages de titres si bizarres, mais j'ai réussi à me procurer quelques renseignements biographiques sur Marlin. — Vaine curiosité ! dira-t-on. — Soit, mais aussi intérêt pour l'auteur. Celui-ci apparaît bon et loyal ; il s'attendrit au souvenir de sa mère ; en 1775, il est malheureux, il supporte gaîment la pauvreté ; il lutte courageusement contre la *malchance* qui semble le poursuivre... N'est-ce pas assez pour lui concilier la bienveillance du lecteur ?

Un ami est venu à mon secours : il m'a transmis l'acte de décès de Marlin et les renseignements qui suivent :

« Acte de décès de François Marlin, décédé à Dijon, à l'âge de 85 ans, à une heure de matin, le 15 décembre 1827, ancien fournisseur des vivres de la marine... né le 14 novembre 1742, fils de feu Georges Marlin, domestique et de feue Jeanne Rospez, son épouse, marié à Charlotte-Audemar. »

Le 27 décembre suivant, le *Journal de Dijon* publiait la note suivante :

« Un ancien fournisseur des vivres de la marine, M. Marlin, né à Dijon en 1742, y est mort le 15 décembre 1827. Jadis fort riche et connu à Paris dans les affaires et dans la société, sous le nom de Milran, qui n'était que l'anagramme du nom qu'il tenait de sa naissance, il était revenu à l'âge de 83 ans, sur le sol natal, où il vivait dans une extrême médiocrité et dans une profonde solitude. On a de lui deux ouvrages : l'un, inspiré par la plus tendre piété, est l'histoire de sa propre mère, qui a paru à Paris en 1814, sous le titre de : *Jeanne Royez, ou la bonne mère ;* l'autre également en 4 volumes in 8°, est intitulé : *Voyages en France, 1775 à 1807* (1).

D'après l'indication de l'acte de décès, Francois Marlin avait trente-trois ans en 1775. Lui-même nous apprend qu'à l'âge de seize ans il avait quitté la maison paternelle « un peu à la dérobée et avec vingt-six francs pour tout pécule. » Depuis ce temps, il avait couru sur terre

(1) L'auteur donne quelques renseignements bibliographiques que Quérard nous a déjà fournis ; et rectifie l'orthographe du pseudonyme *Mirland*. Marlin écrivait *Mirlan*, anagramme du nom de Marlin.

et sur mer après la Fortune qui ne se laissait pas atteindre.

Enfin, vers 1775, Marlin est écrivain de marine à Brest. Il épouse Charlotte Audemar, une bretonne, originaire, je crois, de la Cornouaille, où elle a des parents et des amis, et qui garde l'amour de son aimable pays. Marlin a pour sa femme une tendresse extrême : il vient de devenir ou il va devenir père, et cependant il n'est pas encore guéri de son humeur voyageuse. S'il ne reprend pas la mer, c'est pour ne pas contrister sa femme.

Mais le pauvre écrivain de marine vient d'être *réformé :* il faut de toute nécessité trouver quelques ressources. Mme Marlin pousse son mari à Paris ! Marlin se laisse faire : son *obéissance* à sa femme va recevoir sa récompense : c'est à Paris que la Fortune l'attendait.

Suivons notre voyageur de Brest à Paris.

La première lettre est écrite de Brest.

A Brest, le lundi 9 janvier 1775,
avant 3 heures du matin.

« Sans patron, sans argent ! Je ne vois guère à quoi peut me servir un voyage à Paris. J'aurais préféré reprendre la navigation dont je n'ai encore perdu ni le goût ni les connaissances ; mais la mer t'effraie et tu désires me voir tenter fortune dans la capitale. Je vas donc à Paris, et, ce qui est inexplicable, j'y vas sans inquiétude, peut-être même avec un grand fond d'espérance. En vérité, je ne me conçois pas, Charlotte ; emplois, revenus, tout me manque, et j'ai l'esprit en repos, je suis content et joyeux : Je me dis que la fortune est capricieuse, et qu'ainsi qu'il pourrait lui venir en fantaisie de reporter dans la poussière des bureaux, Monseigneur de Rhuys, qui est intendant de Brest, à vingt mille livres par an, elle peut vouloir élever à une riche intendance un misérable scribe réformé..... La fortune, dit-on, vient en dormant. Adieu, jusqu'au réveil. »

Quand on se lève, le 9 janvier, avant trois heures du matin, ce n'est pas, quelque vertueux que l'on soit, pour se donner le plaisir de voir lever l'aurore ; c'est parce que la nécessité contraint à partir avant le jour. Il faut, en effet, que Marlin arrive le soir à Landivisiau. La route est longue, dix lieues ! Il fait diligence et arrive au gîte à sept heures et demie... du soir.

A Landivisiau, lundi 9, à 7 heures
et demie du soir.

« Me voici *hébergé !* Le souper n'est pas prêt, je me chauffe et je t'écris. Je n'ai eu pour compagnons jusqu'à Landerneau que le vent et la pluie ; j'ai pu m'occuper de moi sans distraction. Je retraçais dans ma mémoire le tableau de ma vie errante. J'ai, depuis dix-sept ans, habité vingt-quatre villes, j'en ai vu cent trente considérables. J'ai fait plus de deux mille lieues à pied, sans compter les routes par eau, en voiture ou à cheval, une campagne en Afrique et six voyages en Amérique. Qu'y ai-je gagné que de satisfaire et très imparfaitement ma curiosité ou mon inquiétude ? Il est vrai qu'en sortant de chez mon père un peu à la dérobée, avec un très petit paquet et vingt-six francs pour tout pécule, je comptais bien que le soleil ne ramènerait pas trois fois les mêmes saisons avant que j'entrasse riche dans les foyers paternels. Oh ! comme mon âme inexperte s'extasiait sur ces richesses prochaines ! Je m'enivrais par anticipation du bonheur de mettre mon or aux pieds de mon père et de ma mère. Hélas ! je n'ai point rapporté d'or et ma mère n'a pas revu son fils.

« Ces souvenirs m'attendrissent, je ne peux continuer. Adieu. »

Trois jours après, jeudi 12, à six heures du soir, Marlin sera à Lamballe, après une traite de dix-huit heures, commencée à minuit. Ce renseignement nous indique sa couchée.

Marlin compte de Landivisiau à Lamballe vingt-six lieues (de 4,8000 mètres) ; et il va mettre trois jours à les faire. Le premier jour, parti de bonne heure, il aura passé avant midi à Morlaix, pour aller dîner en route, et coucher entre Morlaix et Belle-Isle-en-Terre, par exemple à Plounévez-Moëdec (10 lieues de Landivisiau). — Peut-être aura-t-il poussé jusqu'à Belle-Isle. De Plounévez, il n'y a guère qu'une demi-lieue à descendre en *ligne droite* et par des cassecou à Belle-Isle, où il aura le choix du gîte. S'il n'y a pas place aux *Trois-Rois*, la première auberge qu'il rencontre, il continuera sa route ; et, après avoir passé entre l'église et la prison, il trouvera l'auberge du *Cheval-Blanc* à droite, celle du *Lyon d'or* à gauche, en face de la chapelle et de l'hôpital Sainte-Catherine, près du pont *Malaben*, qui, passant le Guer, conduit à Guingamp. De la porte de l'auberge, il voit se dresser comme un mur la colline qu'il lui faudra escalader le lendemain matin (1).

Et on partira de grand matin, car il faut dîner à Guingamp, et passer le bois de Malaunay de jour. Après le soleil couché, les voleurs y sont maîtres de la route.

Marlin a donc couché à Châtelaudren (qu'il nomme Châtelodren) le 11 ; c'est de là qu'il a pu partir en sécurité à minuit.

Il aura fait ainsi dix lieues le premier jour, sept le second, huit le troisième, en dix-huit heures ; mais il faut tenir compte du temps employé à passer Saint-Barthélemy, à dîner et à se promener à Saint-Brieuc.

(1) Ces renseignements sont empruntés au plan de Belle-Isle, de 1782. — En avant du pont *Malaben*, on reconnait trois routes, une ancienne, celle du duc d'Aiguillon, et enfin l'autre tracée en 1804 : elles ont été abandonnées en 1849. — L'hôpital a été supprimé comme beaucoup d'autres, en 1792.

Lamballe, jeudi 12.

« On trouve à deux lieues de Belle-Isle, sur la route de Guingamp, un terrain parfaitement cultivé et tout planté en pommiers.

« Guingamp a une fontaine moins belle que singulière, et une église qui ressemble à Saint-Mélène (Saint-Melaine) de Morlaix ; ce n'est pas en faire un grand éloge.

« Le *Brezonec* expire à Châtelodren ; on ne le parle plus à Saint-Brieuc. Cette dernière ville est assez grande, mais elle n'a rien de beau, pas même sa cathédrale.

« Sortant de cette ville, on découvre à une petite distance la pleine mer. Ce pays abonde en blé, et le pain y est à haut prix.

« Nous ne sommes plus que dans des landes, une lieue après Yffiniac ; et l'on arrive, ou plutôt on tombe dans Lamballe, après l'avoir cherché pendant dix-huit heures, car nous marchons depuis minuit. »

Je demande grâce pour l'auteur. Il était sans doute fatigué et de fâcheuse humeur en passant à Guingamp : il est injuste pour la fontaine et pour l'église. Il n'est pas non plus aimable pour Saint-Brieuc.

Comment, passant à Châtelaudren, qui n'a pas encore réparé ses ruines, n'a-t-il pas entendu parler de l'inondation, du *déluge* du 18 août 1773 ? — Remarquez l'expression : *on tombe* dans Lamballe.

Elle est heureuse ; mais pour en apprécier toute la justesse, il faut avoir escaladé en diligence la croupe de la colline Saint-Lazare, pour descendre aussitôt en ville, non sans l'aide du *sabot !*

Marlin va partir de Lamballe, le vendredi 13, un *vendredi*, et un *treize !* mauvais présage..., à trois heures du matin, pour faire les neuf lieues qui le séparent de Montauban, et le soir, il pourra écrire :

Montauban, vendredi 13, à 10 heures et demie du soir.

« Dix-neuf heures pour neuf lieues ! il y a de quoi se damner ou se sanctifier ; mais n'ayant parcouru qu'un pays sans culture, je n'ai pas de détails sur cette journée. »

Il a passé, sans y penser, auprès du berceau de du Guesclin !!

Le lendemain, 14, il est à Rennes, où siégent en ce moment les Etats : le duc de Penthièvre y représente le roi : « Ce prince, dit Marlin, est ici, comme partout, un chrétien édifiant ; mais tandis qu'il prie dans son oratoire on joue très gros jeu dans le salon ; et des pères de famille se ruinent... »

Le soir, au coin du feu, Marlin écoute les longues histoires de son voisin d'hôtel, un vieux gentilhomme, pensionnaire des Etats. Celui-ci prétend lui montrer le lendemain les héros des aventures qu'il vient de lui *réciter*. Mais Marlin a mieux à faire que de l'entendre : il faut qu'il continue son voyage. Par malheur le *carrosse* de Paris ne partira que dans trois jours ; mais le fourgon attelle. Marlin prend héroïquement son parti, il monte dans le fourgon.

La lourde voiture fait diligence. Partie, le 15 au matin de Rennes, elle couche à Vitré le soir. A la Gravelle, sur la frontière de la province, les voyageurs « sont assaillis par une douzaine d'hommes à bandoullières richement payés à vingt livres par mois pour fouiller les passants.»

Ces hommes à bandoullières sont des douaniers postés à la limite de la Bretagne et du Maine (1).

Ces formalités arrêtent assez longtemps les voyageurs pour que le fourgon passe de nuit à Laval. Le lendemain, 17

(1) Les douanes intérieures de province à province ou même particulières connues sous les noms de traites, issues foraines, péages, pas et trépas, dont les tarifs variaient à l'infini, n'ont été supprimées que par le décret des 31 octobre et 5 novembre 1790. (DUVERGIER, I. p. 503).

Le Seigneur de Gouello (Claude de Bretagne) dans son aveu de 1681 réclame le *pas* et le *trépas* à Châtelaudren et au pont de Saint-Barthélemy.

Il y avait presque deux cents ans que notre historien d'Argentré avait imprimé à la suite de la Charte d'Union de la Bretagne à la France, (21 mai 1532) :

« Ainsi fut le duché et pays de Bretagne uni à la couronne de France, lequel par ce moyen aurai eu juste occasion de demander estre ung en toutet choses et les traites de marchandises de France en Bretagne imposées du temps de la division des Princes estre levées ; mais en cela on n'a pas grande audience. »

La France laissa dire l'austère sénéchal de Rennes comme elle avait laissé dire les Bretons, et continua à percevoir les *traites* de Bretagne.

à midi, il est à Mayenne... Ce fourgon va la poste,... mais au prix de quels cahos !

Arrivé, le 18, à Alençon, notre voyageur abandonne le fourgon, et se détourne un peu de sa route pour visiter la Trappe de Mortagne, le célèbre monastère que réforma l'abbé de Rancé. Marlin entre dans l'austère maison en homme du XVIIIe siècle : Il écrit : « Que des hommes doivent être criminels pour se juger dignes de pareils supplices, ou qu'ils sont aveugles de s'y condamner ! »

Ces mots sont du 19 janvier ; mais, après vingt-quatre heures de séjour à la Trappe (le 20 au soir), la même main écrira :

« Je suis entré dans cette maison avec effroi ; j'en sors tout recueilli... Il n'y a ici que des vertus qui remplissent d'admiration ; mais que je n'aurais point la force d'imiter. Je l'avoue en rougissant... »

Le dimanche 22 janvier, notre voyageur tombe dans un tout autre monde que celui de la Trappe.

La société que cahotaient les fourgons, les coches et même les carrosses était, semble-t-il, assez mêlée. Vous vous rappelez sans doute les compagnons que Ververt rencontra sur le coche d'eau dans son fatal voyage de Nantes :

La même nef légère et vagabonde,
Qui voiturait le saint oiseau sur l'onde,
Portait aussi deux nymphes, trois dragons,
Une nourrice, un moine, deux gascons...

Or, Marlin monte à Saint-Maurice dans le carrosse de Falaise ; il y trouve « un marchand de dentelles d'Argentan, une nourrice, une fille fort laide, mais très gaie et très bonne chanteuse, enfin une parisienne, ci-devant femme de chambre de l'Intendante d'Alençon. Celle-ci ne voyait personne dans la voiture avec qui elle daigna communiquer. » Un cordelier survient qui « apprivoise la hautaine voyageuse, » et donne la réplique aux plus gais couplets de la chanteuse.

Le 24 janvier, à huit heures du soir, après seize jours, Marlin arrive à Paris. Il y sera sept longs mois ; et il y passera par de cruelles alternatives. Un moment il croit tout perdu : encore une fois il songe à la marine « qui lui convient mieux que l'assiduité des bureaux ; » il rêve du Port Saint-Pierre, du Cap-Français, des Grandes-Indes. — Un jour enfin il annonce qu'on lui accorde soixante francs par mois ; enfin le 1er septembre il peut écrire : « Je vas quitter cette ville. On crée pour ton mari une commission à Quimper, où il y aura du bled, des légumes, du bois à expédier pour Brest..... Je brûle de partir. »

Et il oublie de remercier sa femme ! Pourtant sans les conseils de celle-ci, il partait pour la mer et n'avait pas sa commission ! Quelques jours après il est à Quimper.

DEUXIÈME VOYAGE 1785

De Cherbourg à Quimper

Dix ans plus tard, en 1785, nous retrouvons Marlin dans les Côtes-du-Nord; mais quel heureux changement! Il était pauvre : il est riche! L'écrivain de marine réformé, puis devenu agent des vivres de la marine, a fait fortune. Il demeure à Cherbourg; il y a créé un beau domaine qu'il nomme *Les Carrières*. Il a dans le commerce maritime des intérêts assez considérables pour que, sur une seule cargaison expédiée de Cherbourg, « un de ses commissionnaires ait joué à lui faire perdre 10,000 écus, » mais il en a été quitte pour la peur... Enfin il est intéressé en divers lieux de pêche, notamment à Douarnenez.

Un beau jour du printemps de 1785, Marlin se met en route pour Quimper. Mais, cette fois, il voyage à cheval, suivi d'un domestique, qu'il nomme plaisamment son *écuyer*. Celui-ci appelé Tostain est un bas normand qui observe sans mot dire, et qui d'avance est décidé à ne rien admirer en Bretagne.

Le mercredi 27 avril, Marlin entre en Bretagne par Pontorson. Il écrit de Dol.

A Dol, mercredi 27, à 7 heures du soir.

« Ce que j'ai revu de la Bretagne depuis

Pont-Orson ne m'attraye guère. Comme ils sont sales ces Bretons ! La pauvreté est triste ailleurs. Ici elle est hideuse. »

Le lendemain il a passé Dinan et Jugon et il est à Lamballe.

Lamballe, jeudi 28, à 6 heures
et demie du soir.

« Quand je vois un lieu cultivé, riant, il me semble que j'aimerais encore habiter la Bretagne ; mais quand je parcours ces landes interminables, je me rattache à la Normandie. Quand je vois ces armoricains si débauchés, si paresseux, si brutaux, ma raison alors repousse la Bretagne ; mais dans les rues de la moindre bourgade, quand j'entends chanter et rire ce peuple si gueux et si insouciant, alors je me dis : On peut vivre dans ces contrées. Je crains pourtant que Quimper ne fixe pas les désirs qu'il m'a souvent inspirés de loin. »

Quimper va bientôt l'obliger à parler un autre langage.

« Dol est, comme tu l'as vu, désert et triste, mais ses environs forment un bon territoire, et bien cultivé. Cette culture règne, avec peu d'intervalle jusqu'à Dinan, vieille et scabreuse ville, une des plus mal construites de la province. On commence pourtant à y bâtir plus régulièrement (1).

(1) Il appelle Dinan *scabreuse*, et il a raison ; et pourtant, il a passé par la route habilement tracée qui monte du Pont-de-Rance, et qui venait d'être construite. Qu'eût-il dit, s'il eût passé par le

« Jugon, qui prend le titre de ville, n'est qu'un misérable trou caché dans les montagnes ; et de Jugon à Lamballe ce sont des landes et puis des landes. On ne voit de cultivé que les plus proches environs de quelques rares villages, et les approches de Lamballe jusqu'à une demi-lieue seulement. »

Le lendemain il écrit de Pontivy.

A Pontivy, vendredi 29.

« Notre journée a été de quinze lieues, mais faites à coups de fouets et d'éperons, distribués à trois haridelles que j'ai montées à la file...

« Les cultures, avec peu d'interruption, nous ont suivis de Lamballe à Moncontour, petite ville bâtie sur une hauteur. On y fait un bon commerce de toiles, ainsi qu'à Loudéac ; et entre ces deux cités naines, ce n'est que landes et bruyères, sur lesquelles on voit des châteaux qui ne pourraient être mieux placés pour paraître magnifiques.

« L'église de Loudéac, dédiée à Saint-Nicolas, est jolie ; mais cette *Décollation de Saint-Jean*, admirée de tout Loudéac, est révoltante en sa grossière vérité. Quel peintre de village n'a pas craint d'imprimer ainsi sur la toile son ignorance et sa honte ?

« On ne trouve encore que des landes et des châteaux jusqu'à Pontivy, et Pontivy est un très vilain lieu, dont les

Jersual? — Ogée se plaint aussi de la mauvaise construction des maisons à cette époque.

environs pourtant ont un aspect champêtre et quelques points de paysages.

« Nous sommes dans le *breton* tout à fait, et mon écuyer ne trouve pas la *langue celtique* aussi belle que le *bas Normand.* »

Enfin, le 3 mai, Marlin arrive à Quimper. Aussitôt le voilà sous le charme. L'imprudent! Il sait que sa femme, même dans son agréable habitation de Cherbourg, regrettc sa Cornouaille, et il va lui décrire avec enthousiasme les environs de Quimper.

« C'est, dit-il, un enchantement continuel, et le muet Toustain paraissait en lui-même admirer la charmante vallée de Troheir ! »

Il est difficile, en effet, de ne pas l'admirer...

Marlin reste en Cornouaille une vingtaine de jours ; le 22, il est en route, et, le 24, il écrit de Tréguier.

Tréguier, mardi 24.

« Dans un espace de treize lieues, de Morlaix ici, nous avons trouvé une légion de mendiants et la plupart idiots.

« Cependant, je ne sais contrée en Bretagne qui paraisse jouir d'un air plus sain ni qui soit mieux et plus généralement cultivée.

« Mais ce qui est vrai encore c'est que dans ces campagnes fertiles, si les villages sont nombreux, ils n'en ont pas moins la physionomie de l'indigence. Comment la terre est-elle si libérale et l'homme si dénué ?...

« ... Après Lanmeur, on trouve Prestin (Plestin), au bas d'un agréable coteau. Lannion est fort joli. Cette petite ville a quelque célébrité pour ses eaux minérales ; mais Tréguier est tout en bois et mal bâti. Ses rues sont raides, son pavé fatigant. Sa cathédrale est d'un gothique grossier, et par dessus cela aussi sale que peut l'être une église bretonne. On ne s'arrête guère à Tréguier, quand on n'y est pas venu pour affaires, et quand on n'y trouve pas M. Lebrigant, homme le plus savant dans les langues qui ait peut-être existé (1). »

Le lendemain 25, il est à Saint-Brieuc.

Saint-Brieuc, mercredi 25.

« Jusqu'à Pontrieux et même à Lanvollon les campagnes sont admirables. Ce pays est animé, riche, charmant. Les clôtures des pièces y sont d'une façon et d'un prix où la parcimonie ne paraît avoir aucune part.

« Pontrieux est situé dans un fond ; mais ses environs sont frais, grâcieux

(1) Le Brigant, le vieil ami de La Tour d'Auvergne Corret, et dont celui-ci remplaça un fils à l'armée. L'auteur dit *peut être le plus savant*... *Peut-être* est prudent. Qu'aurait dit notre auteur de La Tour d'Auvergne lui-même quand Carnot affirme qu'il parlait toutes les langues ? Le 4 août dernier, au Panthéon, on a réduit l'éloge et on a dit : « Il parlait toutes les langues de l'Europe. » C'est déjà joli ; mais ce n'est pas exact. La Tour d'Auvergne avait *commencé un dictionnaire polyglotte* dans lequel il rapprochait les mots de 41 langues ; c'est-à-dire qu'il fondait 41 dictionnaires en un. Cette œuvre de *marqueterie* ne permet pas de dire qu'il parlât 41 langues.

et assez voisins de la mer pour que de la petite ville on entende le bruit des flots qui se brisent sur le rivage. Oh! qu'il est heureux celui qui habite des bords maritimes !....

« On cesse de parler *celtique* à Lanvollon, bourg assez grand, mais vilain, où nous retrouvons des landages. Ils nous mènent à Trégomeur, autre bourg dont les cultures nous accompagnent jusqu'à Saint-Brieuc ; mais ce n'est plus la richesse du sol de Pontrieux et de Tréguier, ni le même goût de travail. Il faut, pour la bonne tenue, remarquer principalement la grande et magnifique terre de Kerloet, entre Pontrieux et Lanvollon. Elle appartient au comte de Lans (lisez : comte Fleuriot de Langle), qui y réside et occupe une armée d'ouvriers. C'est un beau luxe que celui-là.

« La Normandie n'a point d'herbages plus fins ni de prairies plus grasses que celles que l'on trouve dans tous ces quartiers ; mais tant d'opulence et de fécondité avec tant de misère et de dénument forment un pénible contraste.

« Le territoire de Saint-Brieuc est formé en grandes pièces, la plupart plantées de pommiers. On y fait du cidre et même assez bon. Rennes en a de meilleur, Quimper de médiocre, et Brest n'en a point.

« Les Boisières (*sic* pour les Boissières), sont une vallée si profonde, si dure, si difficile que nous avons mis quarante minutes à la traverser. Au fond de cette vallée est une minière en exploitation : elle donne du plomb et de l'argent, mais à peine pour les frais ; peut-être aussi que l'entreprise cache ses bénéfices, pour tenir plus bas la rétribution fiscale. »

Voilà, si je ne me trompe, plus d'un détail intéressant.

Remarquez l'indication de la vallée des Boissières. Cette indication a pour nous la valeur d'un renseignement archéologique : ce à quoi Marlin ne songeait pas. En effet, il résulte du texte que notre voyageur a passé le Gouët au pont des Boissières, un peu au-dessous du pont des Iles. Or, M. Gaultier du Mottay nous apprend que la voie romaine de Coz-Yeaudet à Cesson, venant de Lanvollon, descendait de la chapelle du Sépulcre vers le Gouët, par le village de Penhars ou Peignard, et passait le pont des Boissières, pour entrer à Saint-Brieuc par le faubourg de la Corderie. Il résulte donc du texte de Marlin, que la route de Lanvollon, en 1785, suivait la voie romaine, et ne rejoignait pas, comme aujourd'hui, la route de Pordic, pour entrer avec elle à Saint-Brieuc en passant le pont de Gouët (1).

(1) M. Gaultier du Mottay a *trop bien* reconnu cette partie de la voie. C'est lui qui, comme maire de Plérin, a surveillé, en 1849, l'atelier de prestataires chargé de la détruire pour faire un chemin vicinal. — Il faut lire les regrets du savant archéologue. Page 160 de *ses Recherches sur les voies Romaines des Côtes-du-Nord.*

Dinan, jeudi 26.

« Combien de landes depuis Lamballe ! Mais ici je commence à répéter ma route et mes détails vont être courts. Il y a deux promenades à Dinan que je n'avais pas remarquées, et qui ceignent une partie de la ville en bordant des *douves* qu'on aurait dû combler, car ces douves exhalent une odeur incommode. »

Et les murailles avec leur bel appareil du xve siècle ! elles doivent déplaire à cet *utilitaire*... Toutefois, il n'oserait en proposer la suppression ; si elles ne servent plus à défendre la ville contre l'ennemi, elles la défendent contre les collecteurs des fouages... et c'est quelque chose.

Le lendemain 27, Marlin est à Pontorson : il jette un dernier regard sur la Bretagne.

« Je couche ce soir en Normandie, ayant passé justement un mois dans ta province, où après les landes, qui n'y sont que trop communes, le quartier le plus triste à voir est celui de Brest à Morlaix, comme le meilleur et le plus agréable est de Lanmeur à Lanvollon. Cette presqu'île est une terre promise ; mais pour un petit nombre d'élus seulement... »

Là-dessus, laissons-le coucher en Normandie, et rêver aux charmes qu'il a si bien décrits des environs de Quimper où « tout est enchantement. »

— Quoi ! c'est tout le voyage ! dira le

lecteur quelque peu désappointé. Quel intérêt à rééditer ces pages vieilles d'un siècle et oubliées depuis longtemps ?

— Voilà la critique à laquelle je m'attendais.

— Votre auteur ne sait donc pas un mot de notre histoire locale ! Il passe à Broons sans avoir un souvenir pour du Guesclin, à Tréguier sans nommer notre glorieux saint Yves ! — Nulle part, aucune allusion à un fait historique !

— Pardonnez-lui. Ogée venait de publier son *Dictionnaire historique de Bretagne*. Marlin ne le connaissait pas sans doute... Tant mieux ! Peut-être en aurait-il copié quelques phrases comme d'autres ont fait et font aujourd'hui, sans aucune vérification. Notre auteur, plus prudent, ne dit que ce qu'il a vu (1).

— Pas le moins du monde. Il a vu la cathédrale de Dol, il a vu la collégiale de Notre-Dame du Mur à Morlaix, avec sa flèche rivale de celle du Creisker, que la municipalité vendra *comme car-*

(1) Exemple : de nos jours, *Le Littoral de la France*, deux fois couronné par l'Académie. Cet ouvrage réédite les erreurs d'Ogée non sans y ajouter. Ainsi on lit (II, p. 150) : « La célèbre comtesse de Montfort, bisaïeule de François Ier, expira au château de Plaisance près de Vannes, le 17 juillet 1440. » Elle mourait donc *cent onze ans* après son mariage, en 1329 ! La comtesse, aucunement célèbre, morte à cette date, était la première femme de François Ier, alors comte de Montfort. C'est ce qu'avait dit Ogée (V° Vannes, II, 980).

J'ai publié un examen du *Littoral* pour *Erquy et Pléneuf*. (*Indépendance Bretonne,* 1889). Je publierai prochainement un travail analogue pour l'arrondissement de Quimper.

rière, en 1805, pour n'avoir pas à l'entretenir ! et il ne dit rien de ces monuments !... (1)

— C'est fort heureux ! Pour lui, comme pour ses contemporains, l'architecture ogivale est la barbarie pure. N'est-ce pas assez qu'il condamne le « grossier gothique » de la cathédrale de Tréguier, et qu'il compare la belle église de Guingamp, construite en partie au XIIIe siècle, avec ses cinq nefs et sa flèche, à l'église étriquée de Saint-Melaine de Morlaix, construite à la fin du XVe siècle ? Laissons donc l'auteur à son admiration pour l'église de Loudéac, ce bâtiment très laid, très lourd, sans caractère ; et félicitons-nous qu'il ne nous ait pas plus souvent parlé d'art.

Mais ce qu'il nous faut retenir de ce *voyage* ce sont les renseignements commerciaux, industriels, agricoles surtout. Ses indications nous renseignent, et d'une manière exacte, sur l'état de la culture au bord des routes que suivait

(1) L'administration vendit Notre-Dame du Mur, pour être démolie ; mais sous cette condition que la tour serait conservée. L'acquéreur se mit à démolir, et (ce qu'il était facile de prévoir) la tour s'effondra écrasant les maisons voisines (28 mars 1806). — (Histoire de Morlaix par Daumesnil.)

Sur des témoignages que je croyais certains, j'ai imprimé que Notre-Dame du Mur avait été vendue nationalement. Mieux instruit, je m'empresse de me rectifier. Le *crime* de cette destruction appartient à la municipalité de Morlaix. Et dire que de pareils faits ne sont pas sans exemple même à notre époque !...

Marlin. Comparez ce qu'il nous montre avec ce que vous voyez aujourd'hui, et vous jugerez du progrès accompli depuis un siècle.

Voilà l'intérêt que peuvent avoir pour nous les *voyages* de Marlin dans la partie de la Bretagne formant notre département ; et voilà, j'espère, l'excuse de cette nouvelle et *dernière* édition de ces voyages.

490. — *Saint-Brieuc. Imp. R. Prud'homme.*

www.ingramcontent.com/pod-product-compliance
Lightning Source LLC
LaVergne TN
LVHW010309230826
846091LV00007BB/2798

* 9 7 8 2 0 1 3 4 2 8 2 8 6 *